Andreas Ebert

# Mich selbst besser verstehen



SKV-Edition Lahr/Schwarzwald

ISBN 3-87729-990-3

Kleine Reihe zu Lebensfragen 93 054

Gesamtherstellung:
St.-Johannis-Druckerei, 7630 Lahr
Printed in Germany 3150/1993

## Inhaltsverzeichnis


| | |
|---|---|
| Vorwort | 5 |
| Einführung | 7 |
| Muster ohne Wert | 17 |
| Der Mann ohne Muster | 31 |
| Wege zum Ziel | 39 |
| Der aktive Weg | 40 |
| Der Weg der Begegnung | 43 |
| Der psychologische Weg | 46 |
| Der spirituelle Weg | 51 |
| Der christliche Weg | 55 |
| Zehn Merksätze | 60 |

## Vorwort

Der römische Philosoph Cicero berichtet in seinen »Tusculanen«, daß am Apollo-Tempel in Delphi, jener berühmten antiken Orakelstätte, die Inschrift angebracht war: »Erkenne Dich selbst!« Es ist bezeichnend, daß ein *Philosoph* diese Inschrift überliefert. Denn seit es Philosophen gibt, d.h., seit Menschen den Schritt vom unreflektierten Dasein zum Nachdenken über sich und die Welt gemacht haben, gehört die Frage nach dem »Wesen des Menschen« zu den Grundfragen der Philosophie.

Es ist ebenso bezeichnend, daß diese Inschrift an einem *Tempel* angebracht war. In der religiösen Begegnung mit dem Göttlichen geht es ja immer auch um eine Selbsterfahrung und Selbstbegegnung. Der christliche Philosoph Aurelius Augustinus hat erklärt, sein Lebensziel sähe er darin, zweierlei zu erkennen: Gott und die Seele. Und Franz von Assisi, dessen radikale Hinwendung zur Armut im 12. Jahrhundert eine revolutionäre Bewegung ins Leben rief, verbrachte viele Nächte im Gebet, das aus zwei Fragen bestand: »Wer bist Du, o Gott, und wer bin ich?«

Die Aufforderung »Erkenne dich selbst!« fand sich am Eingang einer *Orakelstätte*. Auch das erstaunt nicht. Menschen in Lebenskrisen waren es meistens, die das Orakel von Delphi befragten. Wenn das Leben seinen gewohnten Gang geht, tritt die Frage nach der eigenen Identität in der Regel zurück. Wenn aber das zerbricht, was mir bisher Sicherheit gegeben hat, taucht oft die Frage nach dem Sinn des Ganzen auf, die immer auch eine Frage des Menschen nach sich selbst ist. Wir wollen dieser Frage in diesem Büchlein nachgehen. Manchmal ist es wichtiger, gute Fragen zu stellen, als Antworten zu haben. Ich hoffe, daß dieses Büchlein helfen kann, Fragen zu stellen, die fruchtbar sind.

## Einführung

Seit einigen Jahren gibt es in der westlichen Welt einen Boom von Angeboten zur Selbsterfahrung und Selbsterkenntnis. Meist sind es Menschen in den mittleren Lebensjahren, die ihr bisheriges Leben in Frage stellen. Anlaß zu solch einer Neuorientierung ist oft ein Bruch im bisherigen Dasein: Erwachsene Kinder verlassen das Elternhaus, in der Partnerschaft tauchen Probleme auf, Menschen geraten in Süchte und Abhängigkeiten und suchen nach Freiheit, ein geliebter Mensch stirbt und hinterläßt eine schmerzende Lücke . . . In solchen Krisenzeiten zeigt sich, daß vieles von dem nicht tragfähig ist, was in guten Tagen Sinn und Halt gibt: Anpassung an die Gesellschaft, berufliche Karriere, ein lockerer Bekanntenkreis, traditionelle Weisheiten des gesunden Menschenverstandes oder der althergebrachten Religion.

Neben den persönlichen Lebenskrisen trägt auch die allgemeine gesellschaftliche Lage zur Verunsicherung bei. Traditionelle Wertesysteme sind zerbrochen. Der Sozialismus im Osten Europas und sein Bild vom Menschen haben sich als Täuschung erwiesen. Viele, die mit dem Glauben an das mögliche Paradies auf Erden aufgewachsen sind, geraten nun in ein Sinnvakuum. Der westliche Kapitalismus und der Konsum können dieses Vakuum nicht füllen. Der Kapitalismus fördert und fordert Oberflächlichkeit, Durchsetzungsvermögen, Egoismus und Konkurrenzverhalten. Alter, Schwäche, Krankheit und Arbeitslosigkeit schließen einen immer größeren Teil der Menschen von den Verheißungen und Belohnungen dieses Systems aus. Die Schere zwischen den armen und den reichen Ländern wird größer, die Verteilungskämpfe zwischen Nord und Süd beginnen. Uns Menschen im reichen Westen sitzt die Angst im Nacken, daß schon bald die Armen kommen könnten, um ihren Teil vom großen Kuchen einzuklagen.

Wir alle wissen, daß die Art, wie wir zur Zeit leben, die Natur zerstört und diesen Planeten bald unbewohnbar machen wird. Dennoch fällt es uns schwer, das Konsumieren einzuschränken. Der Konsum schenkt uns eine Art Ersatzsinn. Wir ahnen zwar, daß wir auf Dauer uns und die ganze Erde unglücklich machen, wenn wir so weiterleben wie bisher. Dennoch können wir auf diese Form des Glücksstrebens nur dann verzichten, wenn wir etwas finden, was attraktiver ist als die Versprechen der Werbung.

Eine der erbarmungslosesten Folgen einer Leistungs- und Konkurrenzgesellschaft ist die Einsamkeit. Immer mehr Menschen im mittleren Alter leben in Singlehaushalten, weil sie sich nicht mehr zutrauen, eine dauerhafte Beziehung durchzustehen. Alte und Behinderte geraten an den Rand der Gesellschaft, wo sie materiell meistens gut versorgt, aber seelisch isoliert sind.

Das, was in früheren Jahrhunderten den Menschen Sinn und Halt gegeben hat, funktioniert nicht mehr. Die Religion in ihrer traditionellen Form erreicht immer weniger Menschen. Immer weniger Menschen wollen sich total und dauerhaft binden, sei es in der Ehe, sei es in sonst einer Gemeinschaft, die zuviel Hingabe fordert. Für andere allerdings führt die allgemeine Verunsicherung gerade dazu, daß sie Halt und Orientierung suchen bei ideologischen Gruppen und fundamentalistischen Sekten, die versprechen, alle Fragen zu beantworten und auf diese Weise das Leben zu sichern. Rechtsradikale Parolen ziehen wieder. Aber häufiger ist der Typ des »Sinn-Konsumenten«; er oder sie basteln sich eine eigene Weltanschauung, in der Bruchstücke traditioneller Religiosität, populäre Psychologie, esoterische und astrologische Spekulation, die Schwankungen des Zeitgeistes, politische Parolen und die gängigen Ansichten der eigenen Gesellschaftsklasse vermischt sind.

Wir leben in einer Zeit des *Übergangs* oder des *Untergangs*. Wenn sich nichts ändert, d.h. wenn wir so weiterleben wie bisher, hat diese Erde keine Zukunft. Gleichzeitig gab es noch nie so viele Menschen, die sich im geistigen Aufbruch befinden und ahnen, daß sich etwas ändern muß, ja, daß sie selbst sich ändern müssen, damit diese Erde neu werden kann. Es ist ein spannender Wettlauf mit der Zeit.

Um die Welt verändern zu können, müssen wir sie zunächst verstehen, lieben und annehmen, wie sie ist. Dasselbe gilt für uns selbst. Um uns selbst zu verändern, müssen wir uns selbst verstehen. Verstehen ist ein schwieriger Vorgang. Verstehen bedeutet hinzusehen, ohne gleich Urteile zu fällen. Wir aber haben meistens gelernt, uns selbst, andere Menschen und die ganze Welt um uns herum zu beurteilen oder zu verurteilen, bevor wir sie angenommen oder verstanden haben. Das beginnt schon beim morgendlichen Blick in den Spiegel: Wie schwer fällt

es vielen von uns, einfach hinzusehen und ja zu sagen zu diesem Bild. Wie leicht verfallen wir entweder in eitle Selbstgefälligkeit oder – noch öfter – in Komplexe und Selbstabwertung. Und noch etwas steht uns im Wege, wenn wir uns selbst verstehen wollen: Wir müssen dazu gleichsam Abstand von uns selbst nehmen. Oft aber sind wir so gefangen in unseren Gedanken, Plänen, Gefühlen und Urteilen, daß wir uns schwertun, in uns selbst diese Freiheit zu finden, von der aus wir einfach sehen können, was wirklich ist. Vielleicht ist das einer der Gründe, weshalb Gott in der Bibel sagt: »Es ist nicht gut, daß der Mensch allein sei!« Unsere Mitmenschen sehen uns oft objektiver, als wir selbst es tun. Andere Menschen können für uns wie Spiegel sein, in denen wir auch das sehen können, was uns auf den ersten Blick gar nicht gefällt. Solange wir isoliert leben, können wir leicht die Illusion aufrechterhalten, daß wir tadellos sind. In Beziehungen jedoch machen wir die Erfahrung, wie sehr wir andere behindern und verletzen können. In

Beziehungen, die die Ebene des Oberflächlichen hinter sich gelassen haben, werden wir mit unseren Abgründen und Tiefen konfrontiert – aber zum Glück auch mit unseren positiven Möglichkeiten, mit unserem »Potential« an Gutem.

Die Tatsache, daß wir uns in anderen Menschen wiederentdecken, ist Hinweis darauf, daß zwar jeder von uns ein unverwechselbares *Original* ist, daß wir uns aber dennoch in vieler Hinsicht *gleichen.* Es gibt Grundmuster und Grundgegebenheiten des Menschseins, die bei allen Unterschieden der Kultur und der Gesellschaftsordnung selbst über die Jahrhunderte und die Jahrtausende hinweg gleich oder ähnlich bleiben. Und es gibt grundlegende Verhaltensmuster, die menschliches Leben und Zusammenleben zerstören. Alle Religionen kennen Kataloge von »Sünden«: die Verhaltensweisen, die auf Dauer in die Isolation, in die Gefangenschaft und in den Tod führen.

Das deutsche Wort Sünde kommt vom altgermanischen Wort »Sund«, das soviel wie »Abgrund« oder »Trennung« bedeutet. Es geht also weniger um eine moralische Kategorie, sondern um eine nüchterne Feststellung: Was trennt mich von mir selbst und von meinen tiefsten Sehnsüchten und Bedürfnissen? Was trennt mich von meinen Mitmenschen? Wo erlebe ich sonst noch Trennung und Entfremdung in dieser Welt?

Wenn Isolation und Trennung überwunden werden, erleben wir dies als Wunder, als Geschenk oder – religiös gesprochen – als Gnade. Aber auch hier führt der Weg gleichsam durchs Nadelöhr: Nur Menschen, die den Schmerz der Entfremdung und Trennung kennen und darunter leiden, sind fähig, das Geschenk der Gemeinschaft, der Versöhnung und der inneren Heilung wahrzunehmen und zu genießen.

## Muster ohne Wert

Der Mensch in seinen ersten Lebensjahren ist ein überaus bedrohtes Geschöpf. Viel länger als andere Lebewesen brauchen wir, um auf eigenen Beinen zu stehen und um fähig zu sein, das Leben und die Welt ohne fremde Hilfe zu meistern. Schon im Mutterleib ist das Kind Stimmungsschwankungen und Ängsten ausgesetzt, die sich viel tiefer in die kleine Seele eingraben, als man das früher vermutet hat. Die ersten Lebensjahre sind davon gekennzeichnet, daß der kleine Mensch vollkommen abhängig ist von der Liebe, Wärme und Zuneigung seiner unmittelbaren Umwelt, das heißt in der Regel, seiner Eltern. Diese Zuwendung ist so wichtig, daß das Baby schon früh beginnt, alles zu tun, was diese Zuwendung sichert. Weil wir uns nicht leisten können, die Liebe unserer Eltern aufs Spiel zu setzen, entwickeln wir ein Verhalten, das diese Liebe zu garantieren scheint.

Das alles geschieht unbewußt. Aber auf diese Weise prägen sich tief in unsere Psyche Verhaltensmuster ein, die wir ein Leben lang beibehalten – es sei denn, wir entdecken irgendwann, daß wir diese erlernten Muster nicht mehr brauchen, und können sie loslassen. Dahin ist der Weg jedoch weit und schmerzhaft.

Es gibt mehrere Möglichkeiten, die der kleine Mensch hat, um die Liebe und Zuwendung seiner Eltern zu gewinnen. Die erste heißt *Nachahmung* oder *Anpassung:* Das Kind beobachtet bestimmte Verhaltensmuster seiner Eltern. Unbewußt meint es, diese Verhaltensmuster seien »richtig«; unbewußt glaubt es, es müsse nur diese Verhaltensmuster nachahmen, dann wäre die Liebe der Mutter oder des Vaters garantiert. So übernimmt das Kind die Muster seiner Eltern.

Leider führt das nicht immer zum gewünschten Erfolg. Denn in dem Augenblick, wo das Kind sich so verhält wie seine Mutter oder sein Vater, wird es selbst zum Spiegelbild für seine Eltern. Die Eltern entdecken in ihrem Kind auch diejenigen Züge, die sie an sich selbst nicht mögen. Allzuoft muß das Kind erleben, daß es stellvertretend für das bestraft wird, was die Eltern selber tun. So kann es z.B. geschehen, daß die Eltern Lügen oder Ausreden gebrauchen. Das Kind tut dasselbe, wird aber dafür nicht etwa belohnt, sondern womöglich geschlagen oder mit Liebesentzug bestraft. Dennoch wird es immer wieder versuchen, durch Anpassung an die Verhaltensweisen oder an die Forderungen der Eltern Liebe zu erkaufen. Eine besondere Schwierigkeit taucht auf, wenn sich beide Eltern sehr unterschiedlich verhalten oder Unterschiedliches fordern. Dadurch entsteht eine Art Anpassungskonflikt, der sich im späteren Leben auswirken wird.

Die zweite Möglichkeit, die ein Kind hat, um die Zuwendung der Eltern zu bekommen, ist *Rebellion* oder *Verweigerung*. Unbewußt weiß das Kind, daß die Eltern dann ihre Gleichgültigkeit aufgeben, wenn ihr eigenes

Wertesystem verletzt wird. Das Kind provoziert negative Zuwendung, indem es die Befehle der Eltern mißachtet oder genau das Gegenteil von dem tut, was den Verhaltensmustern der Eltern entspricht.

Eine dritte Möglichkeit des Verhaltens ist *Flucht* oder *Rückzug*. Das Kind sucht sich einen sicheren Ort, wo es sozusagen »keine Fehler machen« kann und versucht von dort aus, das Leben zu beobachten oder zu entscheiden, wann es handeln kann und wann nicht. Es zieht sich in sich selbst zurück und wird unfähig, die Außenwelt aktiv zu gestalten.

Nehmen Sie sich einen Augenblick Zeit und überlegen Sie: Ist mein Verhalten gegenüber meiner Mutter (Ersatzmutter) eher von Anpassung, von Rebellion oder von Rückzug gekennzeichnet? Gibt es womöglich eine Mischung dieser drei Grundmöglichkeiten? Und wie steht es mit meinem Vater (Ersatzvater)?

HOTEL DE L'IROISE

Nehmen Sie jetzt drei Blatt Papier zur Hand und überschreiben Sie diese Blätter folgendermaßen:

Auf das erste Blatt schreiben Sie »Die Muster meiner Mutter«; auf das zweite »Die Muster meines Vaters«; auf das dritte: »Meine eigenen Muster«. Notieren Sie nun auf dem ersten Blatt bestimmte Verhaltensmuster Ihrer Mutter, die Ihnen zeitlebens aufgefallen sind. Versuchen Sie, mindestens 15 Muster aufzuschreiben. (Muster sind immer wiederkehrende Verhaltensweisen wie z.B. »immer unpünktlich«, »absolut sauber«, »alles aufschieben« etc.). Wiederholen Sie dasselbe auf dem zweiten Blatt für Ihren Vater. Schreiben Sie sodann auf dem dritten Blatt 15 Verhaltensmuster auf, die Sie an sich selber entdecken.

Nehmen Sie nunmehr wieder das erste Blatt zur Hand und gehen Sie ein Muster nach dem anderen durch. Denken Sie an Situationen in Ihrer Kindheit, wo dieses Muster Ihrer

Mutter Ihnen besonders auffällig oder schmerzhaft begegnet ist. Fragen Sie sich sodann, ob und in welcher Form dieses Muster in Ihrem eigenen Leben vorkommt, das heißt, wie Sie sich dieses Muster angeeignet haben. Ahmen Sie dieses Muster nach, rebellieren Sie dagegen oder fliehen Sie davor (solch eine Flucht kann auch darin bestehen, daß man sich auf eine enge Beziehung mit einem Menschen einläßt, der die Rollen der Mutter oder des Vaters weiterspielt)? Wiederholen Sie denselben Vorgang mit den Mustern Ihres Vaters. Nehmen Sie sich schließlich Ihr eigenes Blatt vor, und fragen Sie sich bei jedem Muster, ob Sie es von Ihrem Vater oder von Ihrer Mutter übernommen haben (sei es in Gestalt von Anpassung, von Rebellion oder von Flucht).

Gehen Sie nun nochmals alle drei Listen durch, schauen Sie jedes einzelne Muster Ihrer Eltern an, stellen Sie noch einmal die Verbindung zu eigenen Mustern her und achten Sie dabei auf Ihre *Gefühle*. Wie geht es mir mit der Tatsache, daß ich solch ein »Musterkind« bin? Vielleicht hilft es Ihnen, diese Gefühle niederzuschreiben.

Wenden Sie sich nun noch einmal der Liste mit Ihren eigenen Mustern zu. Sie haben sich diese Muster zugelegt und Sie erlernt, weil Sie diese Muster als Schutz brauchten. Die Muster haben Ihnen gedient und verdienen deshalb auch Dank. Sehen Sie sich noch einmal jedes Muster an und fragen Sie, welchen Gewinn Ihnen dieses Muster in Ihrem bisherigen Leben eingebracht hat. Wovor hat es mich bewahrt? Was hat es verhindert? Wofür kann ich diesem Muster danken? Fragen Sie sich dann auch nach dem, was Ihnen dieses Muster an Verlusten eingebracht hat. Wo hat es mich behindert? Wo hat es andere Menschen verletzt? Und fragen Sie sich schließlich: Brauche ich dieses Muster noch immer, oder will ich es loslassen?

Weil unsere Verhaltensmuster *erlernt* sind,

können wir sie auch wieder *verlernen*. Das ist allerdings ein schmerzhafter Prozeß. Zu sehr haben wir uns an unsere Muster gewöhnt; zu gut haben sie uns gedient. Selbst an die Schmerzen, die sie uns und anderen zugefügt haben, sind wir oft so gewöhnt, daß wir uns ein Leben ohne sie gar nicht mehr vorstellen können. C.G. Jung, der große Psychotherapeut, hat einmal sinngemäß gesagt: Wir halten mit aller Kraft an unseren Verhaltensweisen fest, selbst wenn diese Verhaltensweisen noch so schädlich oder destruktiv sind. »Wir sind erst zur Veränderung bereit, wenn die Schmerzen, die durch unser Verhalten entstehen, zu groß werden, so daß wir bereit werden, den Schmerz auf uns zu nehmen, den die Veränderung erfordert.« Loslassen können wir in der Regel erst dann, wenn wir etwas Besseres haben oder zumindest erahnen, wenn wir wissen, daß das, was wir gewinnen können, besser ist als das, was wir verlieren.

Wie aber können wir Menschen leben,

ohne die drei Grundkonditionierungen, die uns vom Elternhaus und von der Gesellschaft mitgegeben wurden: Anpassung, Rebellion und Flucht? Gibt es einen vierten Weg? Die großen Religionen lehren, daß der Weg in die Befreiung immer ein Weg des *Loslassens* ist. Es gibt drei Möglichkeiten loszulassen:

Der Weg der *Askese*: Auf diesem Weg verzichtet ein Mensch darauf, jenes Mittel fortzuführen, mit dessen Hilfe viele von uns versuchen, sich über die Schmerzen und Leiden des Lebens hinwegzutrösten: den Konsum. Askese bedeutet, damit aufzuhören, das Gefühl mangelnder Liebe mit sinnlichem Ersatz wie Essen, Trinken, Sex, Anhäufung von Geld, Streben nach Prestige und Macht usw. auszugleichen. Dieser Weg birgt allerdings die Gefahr, selbst zu einem destruktiven Muster zu werden. Asketen neigen dazu, auf ihr Verzichtenkönnen stolz zu sein und anderen das Leben zu vermiesen, die den sinnlichen Genüssen zugetan bleiben.

Der Weg des *Genusses*: Manche glauben, der Genuß selbst kann ein Weg in die Freiheit werden. Wenn gewisse Grundbedürfnisse gesättigt sind, wird der Mensch frei für Neues, ohne immer nach dem zu schielen, was er sich versagen mußte. Der Überdruß am Allzuvielen kann zu einer inneren Bereitschaft führen, Konsum und Genuß loszulassen, um nach dem tieferen Sinn des Lebens zu fragen. Buddha oder Franz von Assisi sind Beispiele von Menschen, die Reichtum und Lebensgenuß aufgaben, weil sie erkannten, daß Konsum allein nicht glücklich macht und die großen Fragen (die Frage nach dem Leiden und nach dem Tod z.B.) nicht lösen kann.

Der Weg der *Liebe*: Menschen, die lieben, fragen nicht nach dem Sinn des Lebens. Sie erfahren ihn. Indem ich mich in der Liebe an ein Du verschenke, erfahre ich auf ganz neue Weise, wer ich bin. Dieses Wissen läßt sich nicht in Worte fassen. Und doch ist es ein Verstehen und Erkennen. Das hebräische

Wort, das im Alten Testament für die Liebesvereinigung zweier Menschen gebraucht wird, bedeutet wörtlich übersetzt »erkennen«. Solche erkennende Liebe ist selten in dieser Welt. Wie viele Partnerschaften und Ehen sind weit davon entfernt, Gemeinschaft vollständiger Hingabe zu sein! Oft kämpfen wir selbst in Partnerschaften um die Bestätigung und die Liebe, die uns unsere Eltern nie gegeben haben. Gleichzeitig fürchten wir uns vor der Liebe und kämpfen mit allen Mitteln gegen das, was wir uns doch am meisten wünschen.

## Der Mann ohne Muster

Wer in Büchern des Neuen Testaments die Geschichten über den Menschen Jesus von Nazareth liest, kann dabei viele erstaunliche Entdeckungen machen. Eine davon ist: Jesus scheint ein Mensch zu sein, der einen vierten Weg gefunden hat. Es ist unmöglich, sein Verhalten in die drei Grundkonditionierungen: *Anpassung, Rebellion* und *Flucht* einzufangen.

Jesus war zwar ein guter Jude und hatte die Freiheit, die Traditionen, Gesetze und Gebräuche seines Volkes einzuhalten. Aber er unterwarf sich keinem System. Er paßte sich an Gesetze und Sitten niemals um ihrer selbst willen an. Sobald ein Gesetz sinnlos wurde, weil es den Menschen mehr schadete als nützte, hatte Jesus die Freiheit, dieses Gesetz außer acht zu lassen und zu übertreten. So erlaubt er seinen Jüngern, die an einem Sabbattag hungrig sind und Ähren ausraufen, um sie auszulutschen, das zu tun, obwohl solche Tätigkeiten am Sabbat streng verboten waren. Er selbst hat am Sabbat immer wieder Kranke geheilt und einem Kranken sogar befohlen, sein Bett nach Hause zu tragen, obwohl man am Sabbat nichts tragen durfte.

Auch das Bild des *Rebellen* geht für Jesus nicht auf. Zwar hat er die Konfrontation mit den führenden Leuten der Religion und des Staates nicht gescheut; er ließ sich aber niemals vor den Karren wütender Aufrührer spannen, die das Unrechtssystem mit Gewalt beseitigen wollten. Er war nicht bereit, das Schwert gegen die zu erheben, die mit dem Schwert regierten. Es stimmt zwar, daß sich Jesus mitunter zurückzog, wenn ihn zuviele Menschen bedrängten. Er brauchte Zeit in der Stille für sich allein, aber das war keine Flucht. Als es darauf ankam, entzog er sich nicht der Verhaftung, sondern stellte sich seinen Widersachern.

Vor allem aber war Jesus fähig, zwischen diesen drei Grundverhaltensweisen je nach Situation frei zu wählen. Er stand nicht – wie wir so oft – unter dem *Zwang*, sich entweder anzupassen, zu protestieren oder zu fliehen.

Besonders augenfällig wird diese Fähigkeit in seinem Prozeß, der schließlich zu seiner Verurteilung führt. Jesus verzichtet bei seiner Verhaftung auf jeden Widerstand. Dennoch läßt er sich während dieses Prozesses seine Würde nicht nehmen. Als er geschlagen und beleidigt wird, zieht er die Soldaten zur Rechenschaft. Im Kreuzverhör versagt er die Kooperation: Er schweigt. Er *wählt* bewußt den Weg des Leidens.

Solange wir »Musterkinder« sind, können wir nicht wirklich wählen. Wie ein defektes Computerprogramm machen wir immer wieder dieselben Fehler, erleben immer wieder an denselben Punkten Störungen und Blockaden. In Jesus von Nazareth begegnet uns ein Mensch, der vorlebt, daß es Hoffnung gibt, diese Blockierungen zu überwinden. Was ist das Geheimnis seiner Freiheit?

Jesus lebte aus einem tiefen Vertrauen heraus. Dieses Vertrauen bezog er aus seiner Beziehung zu Gott, den er »Vater« nannte. Wir wissen nicht, wie oder wodurch Jesus sich dieses Vertrauen erworben hat, da über die ersten dreißig Lebensjahre dieses Mannes fast nichts bekannt ist. Zwei wichtige Erfahrungen scheinen aber eine Rolle gespielt zu haben: die Taufe am Jordan durch Johannes den Täufer und eine vierzigtägige Einsamkeit in der Wüste. Johannes der Täufer lebte in der Wüste am Jordan und rief die Menschen zur Umkehr von ihren Sünden auf. Als Zeichen der Abkehr von all dem, was sie von Gott und von ihren Mitmenschen trennte, sollten sie in den Fluß steigen, untertauchen und so das alte Leben gleichsam von sich abwaschen lassen. Solche Akte symbolischer Reinigung gibt es in fast allen Religionen. Auch Jesus reiht sich in die Gruppe derer ein, die neu anfangen wollen. Die Evangelien berichten, daß er bei dieser Taufe eine überraschende Erfahrung macht: Er hört eine Stimme, die zu ihm sagt: »Du bist mein geliebter Sohn!« Jesus erlebt die unmittelbare, bedingungslose Liebe, nach der wir alle uns zeitlebens sehnen. Unsere irdischen Eltern sind, da sie ja selbst gefangen sind und um Liebe kämpfen müssen, oft nicht fähig, uns diese bedingungslose Liebe so zu schenken, wie wir sie eigentlich brauchen. Jesus erlebt, daß es eine Liebe gibt, die die Liebe seiner irdischen Eltern übersteigt. Er nennt die Quelle dieser Liebe »Gott« oder »Vater«. Diese Liebe gibt ihm Mut und Kraft, sich in der Wüste den Abgründen der eigenen Seele zu stellen und später konsequent seinen Weg zu gehen, der in Verfolgung und Tod führt. Die christliche Taufe hat bis heute den Sinn, Menschen die Erfahrung zu vermitteln: »Du bist geliebt. Es gibt eine Liebe, die größer ist als der Mangel und größer als die Bedingungen, die Menschen stellen, damit sie dich lieben. Diese göttliche Liebe trägt dich. Und sie ist stärker als alles, sogar stärker als der Tod.«

Danach begibt sich Jesus für vierzig Tage in die Wüste, wo er, wie es in der Bibel heißt, »vom Teufel versucht« wird. Wüste ist der Ort der Einsamkeit, der Ort radikaler Bedrohung. Die Muster und Mechanismen, die in der Gesellschaft funktionieren, nützen in der Wüste nichts mehr. Ganz auf sich gestellt muß Jesus testen, ob die bedingungslose Liebe, die ihm zugesprochen wurde, wirklich trägt. Der Satan (hebräisch für »Widersacher«) führt ihm noch einmal das Arsenal menschlicher Muster vor: Macht, Prestige, Magie. Jesus widersteht diesen Lockangeboten und gewinnt dadurch echte Selbständigkeit. Er verläßt die Wüste als freier Mensch.

Für die Zeiten, in denen wir das alte Selbstverständnis ablegen, um uns neu und tiefer zu entdecken, brauchen wir Vorbilder und Wegbegleiter. Jesus von Nazareth kann

solch ein Vorbild und Begleiter sein. Auch Menschen, die in einer ähnlichen Situation sind wie wir selbst, können solche Begleitpersonen sein. Das ist einer der Gründe, weshalb Selbsthilfegruppen für Menschen in besonderen Notsituationen (z.B. Anonyme Alkoholiker) soviel Zulauf haben. In der Gemeinschaft mit anderen, die unser Geschick und unsere Suche teilen, gewinnen wir Kraft. Jesus von Nazareth wird in der Bibel als der geschildert, der sein eigenes Lebensgeschick in Solidarität mit uns allen angenommen hat. Im Hebräerbrief heißt es von ihm: »Er wurde in allem versucht wie wir und blieb doch ohne Sünde.« In Jesus begegnet uns die Hoffnung, daß Erlösung und Befreiung aus Zwängen möglich ist.

## Wege zum Ziel

Wie ist es möglich, daß ich mich als Mensch so verstehe und erkenne, daß dieses Erkennen schließlich zur Wandlung, das heißt zur Transformation und Veränderung führen kann? Es gibt keinen Patentweg für alle Menschen. Je nach Temperament und Typ wird uns der eine oder der andere Weg attraktiver erscheinen. In verschiedenen Lebensphasen werden uns unterschiedliche Wege offenstehen. Der Jugendliche in der Pubertät wird anders nach dem Sinn des Lebens fragen und wird die Frage nach sich selbst anders stellen als etwa ein Mensch in der Midlife-Krise oder beim Bilanzziehen auf dem Sterbebett. Eine Frau wird anders fragen als ein Mann. Ein Wohlhabender wird anders fragen als ein Armer. Und dennoch scheint es so etwas wie ein gemeinsames Ziel zu geben. Man könnte dieses Ziel philosophisch oder psychologisch als »Sinn des Lebens« bezeichnen. Man könnte es religiös »Erlösung« nennen.

## Der aktive Weg

Sinn läßt sich erfahren durch *Engagement.* Ein Mensch, der seinen Beruf als Berufung ergreift und lebt, kann dadurch beglückende Sinnerfahrungen machen: die Mutter oder der Vater, die sich Zeit nehmen für ihre Kinder; die Lehrerin, die sich für ihre Schüler engagiert; der Arzt, der für die Kranken da ist; der Handwerker, der etwas Nützliches herstellt.

Leider machen immer weniger Menschen die Erfahrung sinnvoller Arbeit. Die wachsende Arbeitslosigkeit, aber auch abstumpfende Tätigkeit am Fließband oder bei der Herstellung von sinnlosen, lebenszerstörenden Produkten, verbauen diesen Weg.

Wo der Beruf nicht mehr die Chance sinnvollen Engagements bietet, erschließt sich die Möglichkeit der ehrenamtlichen Aktivität. Menschen, die sich in ihrer Freizeit um

Behinderte, Kranke und Sterbende kümmern, die sich für den Umweltschutz oder für den Frieden engagieren, Flüchtlinge aufnehmen oder Projekte in der Dritten Welt unterstützen, können aus diesen Begegnungen unendlich viel Bereicherung für das eigene Leben erfahren. Die Begegnung mit dem Anderen, mit dem Fremden erschließt vielleicht mehr als alles andere das Verstehen der eigenen Seele. Der heilige Franz von Assisi entdeckte sich selbst, als er – damals noch ein reicher Jüngling – vom Pferd sprang und einen Leprakranken umarmte. Er meinte zunächst, als Helfer zu kommen. Dann aber entdeckte er, daß ihm in dem Fremden und Kranken Christus selbst begegnet war, so daß er selbst der Beschenkte wurde.

Das Engagement birgt auch Gefahren: Hinwendung zu anderen kann ein Mittel sein, um sich nicht mit sich selbst auseinanderzusetzen. Wer Schwächeren hilft, kann damit unter Umständen die eigene Schwachheit überspielen, um sich stark zu fühlen. Engagement für Frieden und Gerechtigkeit kann zur Verbitterung führen, wenn sich die gewünschten Erfolge nicht einstellen. Gerade in solchen Niederlagen zeigt sich, was unsere wirklichen Motive sind. In der Verarbeitung von Niederlagen können wir lernen, das Gute um seiner selbst willen zu tun – und nicht, um unser eigenes Selbstbild aufzumöbeln.

## Der Weg der Begegnung

Der jüdische Philosoph Martin Buber hat festgestellt, daß es zwei völlig unterschiedliche Arten gibt, Beziehung zur Umwelt aufzunehmen: Es gibt ICH-DU-Beziehungen und ICH-ES-Beziehungen. In ICH-ES-Beziehungen mache ich mir die Welt und die Menschen *untertan*. Ich werde zum Subjekt, das oder der andere zum Objekt. In solchen Beziehungen kommt es nicht zur Begegnung. Selbst Partnerschaften oder Eltern-Kind-Beziehungen drohen immer wieder zu solchen ICH-ES-Beziehungen zu werden, in denen die Würde des Gegenübers als selbständiger Mensch und als eigenständiges ICH nicht geachtet wird. In der ICH-DU-Beziehung hingegen erfahre ich mich in der Begegnung. In der Begegnung steht der andere weder über mir noch unter mir; er wird zum Gegenüber. Ich respektiere seine Grenzen und lade ihn ein, sein Leben mit mir zu teilen. Wenn diese Begegnung glückt, kommt es zu jenem »Erkennen«, von dem das Alte Testament spricht. Im Erkennen des Geliebten oder der Geliebten erfahre ich auch, wer ich selber bin. Die Bibel zeichnet ein Bild von Liebe und Beziehung, bei der das ICH gewahrt und sogar »gesteigert« gerade dadurch fähig wird zur Begegnung mit dem DU. Das gilt auch für die Beziehung zwischen Gott und Mensch. Im Gegensatz zu anderen Religionen stellt sich die jüdisch-christliche Tradition die Erlösung nicht als Verschmelzung des Menschen mit Gott vor, sondern als eine Begegnung des Menschen mit Gott in der Ewigkeit. Der Mystiker Meister Eckart schildert diese Begegnung als *liebevollen Blick*: Der Vater blickt den Sohn an, und der Sohn blickt den Vater an. Dabei bleibt der Vater Vater und der Sohn Sohn. In dieser Spannung von ICH und DU, die niemals in einem verschwommenen WIR aufgeht, ereignet sich das, was die Bibel Liebe nennt.

## Der psychologische Weg

Schon vor mehr als zwei Jahrtausenden haben die Menschen versucht, die menschliche Seele und ihre Gesetze zu ergründen. Der griechische Arzt Hippokrates entdeckte die vier Temperamente (cholerisch, phlegmatisch, melancholisch, sanguinisch). Ihm fiel auf, daß Menschen sehr unterschiedliche Grundstimmungen haben und sich in unterschiedlichen Situationen verschieden verhalten: Der eine braust auf, wenn Konflikte kommen, der andere schläft ein, der dritte wird traurig und der vierte lacht. Die islamische Bruderschaft der Sufis entwickelte das *Enneagramm,* eine differenzierte Seelenlehre, die neun verschiedene Menschentypen beschreibt. Die mittelalterliche Kirche kannte sieben Hauptsünden und charakterisierte in ihren Mysterienspielen entsprechend dieser Sünden sieben Grundtypen »unerlöster« Charaktere.

Der Siegeszug der Psychologie aber begann in unserem Jahrhundert. Siegmund Freud und C.G. Jung, die »Väter« der Psychoanalyse, haben Gesetzmäßigkeiten menschlichen Verhaltens entdeckt und Wege und Methoden entwickelt, Menschen bei der Aufarbeitung ihrer Lebensgeschichte zu helfen. Durch das Aufdecken (Bewußtmachen) unbewußter frühkindlicher Erlebnisse kann es zu einer Befreiung vom Zwang und von den Folgen solcher Erfahrungen kommen.

Dabei spielen die Träume eine besondere Rolle. Sie sind nach Ansicht der klassischen Psychoanalyse der »Königsweg ins Unbewußte«. Da uns nur ein sehr kleiner Teil unserer inneren Wirklichkeit bewußt ist (man könnte das mit dem Eisberg vergleichen, der nur zu 1/7 aus dem Wasser ragt und weitgehend unsichtbar ist), können wir die Ursachen innerer Konflikte oft nur vage erahnen, ohne sie benennen zu können. Es ist schon lange bekannt, daß Unbewußtes und Unbekanntes seine Macht dadurch verlieren kann, daß es bewußt gemacht und benannt wird (man denke nur an das Märchen »Rumpelstilzchen«, wo der Kobold entmachtet ist, sobald die Prinzessin seinen Namen weiß). Träume sind die Sprache der Seele. Die Psychoanalyse hat entdeckt, wie sich Träume deuten lassen, so daß sie Aufschluß geben über innere Konflikte, deren Ursachen oft in der frühen Kindheit liegen. In der Beziehung zwischen Patient/Patientin und Therapeut/Therapeutin können frühkindliche Konflikte wiederholt und konstruktiv aufgearbeitet werden.

Leider sind Psychoanalysen kostspielig, und es gibt nicht genügend wirklich qualifizierte Psychotherapeutinnen und -therapeuten. Preiswerter sind in der Regel Gruppentherapien, die auch den Vorteil haben, daß ich in den Konflikten anderer Gruppenmitglieder mich selbst wie in einem Spiegel erkenne und gleichsam »im Huckepackverfahren« betroffen und mitgeheilt werde.

Auch der psychologische Weg kann zu einer Art Droge werden. Anstatt mich von mir selbst zu befreien, kann die andauernde Beschäftigung mit mir und mit meinen eigenen Abgründen dazu führen, daß ich am Ende noch mehr um mich selbst kreise. Da die menschliche Seele und ihre Konflikte unendlich groß sind, kann ich mein Leben lang mit der eigenen Heilung beschäftigt bleiben, ohne daß andere oder die menschliche Gemeinschaft etwas davon haben.

Die Theologin Dorothee Sölle hat die Psychologie sogar »das Opium der reichen Mittelklasse« genannt. Viele Probleme, die wir im heutigen Westen haben, sind direkte Folgen unseres Lebensstils und der damit verbundenen Sinnleere. Womöglich wäre es besser, unseren Lebensstil zu ändern, anstatt zu versuchen, uns von einem Therapeuten so stabilisieren zu lassen, daß wir am Ende weiterleben können wie bisher. Diesen Zusammenhang sieht schon ein alttestamentlicher Prophet. Bei Jesaja heißt es: »Brich dem Hungrigen dein Brot, und die, die du im Elend ohne Obdach siehst, führe in dein Haus. Wenn du einen nackt siehst, kleide ihn und entzieh dich nicht deinem eigenen Fleisch und Blut. Dann wird dein Licht hervorbrechen wie die Morgenröte und deine eigene Heilung wird schnell voranschreiten . . .«. Psychologie steht immer in der Gefahr, die Anpassung an die Umwelt zu fördern. Wenn die Verhältnisse in der Welt ungerecht und krankmachend sind, sind vielleicht diejenigen die »gesünderen«, die mit Krankheit reagieren und nicht so abgestumpft sind, daß sie das Widerständige und Krankmachende gar nicht mehr spüren.

## Der spirituelle Weg

Immer mehr Menschen sagen von sich, sie seien auf spiritueller Suche. Clevere Geschäftemacher nutzen diese Sehnsucht aus und bieten für teures Geld unzählige Programme an, die angeblich dem inneren Wachstum dienen. Es ist nicht leicht, in diesem Bereich die Spreu vom Weizen zu scheiden. Wichtige Kriterien für die Seriosität spiritueller Angebote sind: Überzeugt mich der Lebensstil und die Ausstrahlung des »Anbieters«? Ein spiritueller Meister, der Freiheit und Loslösung von allen Dingen predigt, aber zur eigenen Imagepflege ein riesiges Auto und einen aufwendigen Lebensstil braucht, ist wahrscheinlich ein Scharlatan. Gerade in diesem Bereich gilt: Das Teuerste ist in der Regel nicht das Beste. Ein zweites Kriterium, das mir eine erfahrene christliche Meditationslehrerin einmal nannte, ist: »Darf gelacht werden?« Jede Gruppe, jede Methode, die sich so ernst nimmt, daß ihre Anhänger über sich selbst und über ihren Weg nicht mehr lachen können, ist ideologisch und eng und kann nur in neue Gefangenschaft führen.

Was ist Spiritualität? In diesem Wort steckt das lateinische Wort Spiritus (Geist). Während die Psychologie Menschen hilft, einzelne Symptome zu erkennen und an bestimmten Blockierungen so zu arbeiten, daß sie mit sich und mit der Umwelt besser zurechtkommen, zielt Spiritualität aufs Ganze, auf die Personmitte des Menschen. Es geht nicht um Einzelaspekte, sondern um die Lebensgrundlagen. Es würde an dieser Stelle zu weit führen, die vielen spirituellen Schulen darzustellen. Dennoch gibt es so etwas wie eine grundlegende spirituelle Weltsicht, die sich bei den meisten seriösen Lehrern vieler Traditionen und Religionen wiederfindet: Der spirituelle Weg ist, kurz gesagt, der Weg des Loslassens. Verhaltensmuster, Gedanken, Gefühle, Leidenschaften – all das, was uns tagtäglich beschäftigt, beherrscht und uns

den Lebensatem raubt, soll spirituell entmachtet werden. Die spirituelle Erfahrung der »Erleuchtung« besteht darin, daß ich entdecke, daß die Leere nichts Schreckliches ist, sondern daß ich in der inneren Leere frei werde, um meine Verbundenheit mit allem und allen zu entdecken. Das Vielzuviele, das in uns ist, verhindert, daß wir die wirkliche Fülle erfahren. Der christliche spirituelle Lehrer Henry Nouwen sagt: »Der heutige Mensch ist gleichzeitig vollgestopft und unausgefüllt.« Alle spirituellen Wege haben das Ziel, die falsche Fülle zu beseitigen, damit wahres Erfülltsein erlebbar wird.

Viele spirituelle Angebote unserer Tage bergen die Gefahr, daß auch sie zu einem Ego-Trip werden. Wie die Psychologie, so kann auch die Meditation oder die sogenannte Spiritualität allzu leicht der Weltflucht dienen. Die alten Benediktinermönche wußten das und bauten deshalb ihr Mönchsleben auf *zwei* Säulen: beten und arbeiten.

## Der christliche Weg

Der christliche Weg schließt keinen der vorher genannten Wege aus. Im Gegenteil: Richtig verstanden, baut er auf diesen Wegen auf, vereint sie und führt sie weiter.

Der christliche Weg ist eng an die Person und an das Schicksal Jesu Christi gekoppelt. Christen glauben, daß Jesus der exemplarische Mensch ist, d.h. der Mensch, der vorgelebt hat, was Menschsein in Freiheit bedeuten kann. Dorothee Sölle meint: »Du kannst ihn mit allen anderen Großen der Geschichte vergleichen. Er hält diesen Vergleich aus. Aber am besten, Du vergleichst ihn mit Dir.« Gleichzeitig glaubten die Christen von Anfang an, daß in Jesus von Nazareth Gott selbst in einer ganz besonderen Weise gegenwärtig ist. Sie nannten Jesus die »Inkarnation Gottes«. Das heißt: In diesem Menschen sehen wir das Angesicht Gottes. Gott ist wie Jesus. Jesus spiegelt das Wesen Gottes wider wie kein anderer. Seine Leidenschaft für das Leben, seine Annahme der Schwachen, sein Eintreten für Recht und Wahrheit – das alles sind Eigenschaften Gottes selbst. Die Christen glauben, daß Christus das endgültige Bild Gottes ist und daß Jesus alle falschen Gottesbilder entthront. Wir brauchen uns nicht mehr zu fürchten vor einem rachsüchtigen Richter, der erbarmungslos alle unsere Fehler ahndet. Wir dürfen glauben, daß auch wir geliebte Kinder Gottes sind, berufen dazu, selbständige, aufrechte und freie Menschen zu sein in dieser Welt. Wie Jesus sind wir berufen, uns selbst zu finden – im Vertrauen darauf, daß wir geliebt und angenommen sind – und anderen zu dienen, damit diese Erde bewohnbar bleibt.

Jesus konnte genießen, er konnte lieben, er konnte verzichten, er konnte leiden. Das wichtigste Symbol des Christentums ist das Kreuz. Es besagt, daß nicht durch Macht, Gewalt oder Selbstbehauptung Friede auf Erden wird, sondern durch die Kraft der Hin-

gabe. Die Christen glauben, daß in einer intimen persönlichen Beziehung zu Jesus Christus auch unser Leben verwandelt werden kann in sein Bild. Auch in uns können die Kräfte freigesetzt werden, die dem Leben und den Menschen dienen.

Jesus ist der spirituelle Meister, der wie kein anderer das Loslassen gelebt hat. Er hat, wie der Apostel Paulus es ausdrückt, nicht daran festgehalten, Gott gleichzusein, sondern die Gestalt eines Sklaven angenommen: »Er war wie einer von uns und war gehorsam bis zum Tod am Kreuz. Darum hat ihn Gott erhöht und ihm einen Namen gegeben, der über allen Namen ist.«

Der christliche Weg ist ein Weg der *Gnade.* Das heißt: Ich weiß, daß all mein Mühen und Streben wichtig ist. Aber wichtiger als alles Streben wird es schließlich sein, daß ich mich beschenken lasse. Ich muß meine Muster, die ich zeitlebens mit mir rumschleppe, nicht gewaltsam zerbrechen. Aber ich kann erleben, daß sie mir abgenommen werden, daß mich eine Liebe, die größer ist, als die Liebe meiner Eltern, überzeugt: »Du brauchst dich nicht selbst abzusichern. Du bist geborgen.«

Der christliche Weg ist ein Weg der *Gemeinschaft.* Im Neuen Testament wird die Kirche »Leib Christi« genannt. Jede Christin und jeder Christ versteht sich als ein Teil dieses Leibes. Das heißt: Jeder einzelne ist wichtig und hat eine ganz bestimmte Aufgabe. Aber zugleich brauchen wir andere, denn niemand von uns ist alles. So entdecken wir die eigene Größe und die eigene Relativität. Das hilft uns, uns selbst *ernst* zu nehmen und uns gleichzeitig nicht *allzu ernst* zu nehmen. Das befreit uns von unseren Minderwertigkeits- und Überwertigkeitskomplexen.

## Zehn Merksätze

Die folgenden zehn Sätze sind Hinweise und Vorschläge, die je nach Typ und Charakter helfen können, den Weg zum eigenen Ich weiterzugehen:

1. Führe ein Tagebuch! Und wenn es nur zwei, drei Sätze sind, die du jeden Tag aufschreibst – versuche festzuhalten, was an diesem Tag besonders wichtig war. Das hilft dir, bewußter zu leben.

2. Nimm dir Zeit für dich alleine! Einige Minuten am Tag (Tagebuch), einige Stunden die Woche, mindestens eine Woche im Jahr solltest du ohne viel Ablenkens mit dir selbst verbringen.

3. Ziehe am Ende eines Jahres Bilanz! Was waren die wichtigsten Ereignisse? Was war das Schönste? Was war das Schlimmste? Die wichtigste Erkenntnis in diesem Jahr? Wovon will ich im

kommenden Jahr Abschied nehmen?

4. Suche das Gespräch mit anderen! Mit welchen Menschen kann ich über alles reden? Wer kennt meine Lebensgeschichte? Wem höre ich zu?

5. Engagiere dich! Gibt es einen Punkt in deinem Leben, wo du dich über deine persönlichen und familiären Interessen hinaus für das Ganze einsetzt? Welchen Beitrag kannst du leisten, damit diese Erde bewohnbar bleibt? Welche Menschen brauchen deine Hilfe?

6. Lerne meditieren! Suche dir eine erfahrene Lehrerin oder einen Lehrer, die dir helfen können, die allzuvielen Gedanken, Gefühle und Pläne zur Ruhe kommen zu lassen und ganz in der Gegenwart dazusein. (Viele Klöster bieten seriöse Meditationskurse an.)

7. Versöhne dich! Überprüfe regelmäßig,

mit welchen Menschen du im Unfrieden lebst. Gib nie auf, dich mit deinen Eltern zu versöhnen. Versöhnung bedeutet, den Schmerz wahrzunehmen über das, was weh tut – und diesen Schmerz loszulassen und demjenigen zu vergeben, der ihn dir zugefügt hat.

8. Suche dir Hilfe! In Lebenskrisen, aber auch bei tiefsitzenden psychischen Störungen brauchst du Hilfe von außen. Es ist keine Schande, eine Therapeutin oder einen Therapeuten in Anspruch zu nehmen. Achte bei der Auswahl auf deine innere Stimme, ob du dich dieser Person anvertrauen kannst.

9. Werde sensibel dafür, wo du *angepaßt,* rebellisch oder *auf der Flucht* bist. Wage stattdessen, *Nähe, Distanz* und *Konflikt* zu leben, wo es jeweils nötig ist.

10. Lies! Theologische spirituelle Bücher, gute Romane und Biographien, Gedichte

und Dramen können zu Freunden werden, weil sich in ihnen dein eigenes Leben spiegelt. Suche dir andere Menschen, mit denen du über das Gelesene reden kannst.
Vor allem: Lerne über dich selbst zu weinen und zu lachen. Dies schenkt dir die notwendige Distanz zu dir, so daß du dich *ernst* nimmst, ohne dich *zu ernst* zu nehmen.

In der »Kleinen Reihe zu Lebensfragen« sind bisher folgende Titel erschienen:

Rainer Haak, Wertvoll bin ich, wie ich bin (Bestell-Nr. 93 051)

Enja-Christiane Seemann, Ein gesundes Leben führen (Bestell-Nr. 93 052)

Uwe Böschemeyer, Sinn für mein Leben finden (Bestell-Nr. 93 053)

Andreas Ebert, Mich selbst besser verstehen (Bestell-Nr. 93 054)

Knud Eike Buchmann, Ein Problem ist auch eine Chance (Bestell-Nr. 93 055)

Uwe Böschemeyer, Der Weg aus der Abhängigkeit (Bestell-Nr. 93 056)